> 美国心理学会情绪管理自助读物
> 成长中的心灵需要关怀 · 属于孩子的心理自助读物

我能管好自己
让孩子独立的自我管理课

Learning to Plan and Be Organized

Executive Function Skills for Kids with AD/HD

(美)凯瑟琳·G. 纳多(Kathleen G. Nadeau)著
(美)查尔斯·贝尔(Charles Beyl)绘
李甦 译

化学工业出版社

·北京·

Learning to Plan and Be Organized: Executive Function Skills for Kids with AD/HD, by Kathleen G. Nadeau, illustrated by Charles Beyl.

ISBN 978-1-4338-2217-9

Copyright © 2016 by Magination Press, an imprint of the American Psychological Association.

This Work was originally published in English under the title of: ***Learning to Plan and Be Organized: Executive Function Skills for Kids with AD/HD*** as publication of the American Psychological Association in the United States of America. Copyright © 2016 by the American Psychological Association (APA). The Work has been translated and republished in the **Simplified Chinese** language by permission of the APA. This translation cannot be republished or reproduced by any third party in any form without express written permission of the APA. No part of this publication may be reproduced or distributed in any form or by any means, or stored in any database or retrieval system without prior permission of the APA.

本书中文简体字版由 the American Psychological Association 授权化学工业出版社独家出版发行。

本版本仅限在中国内地（不包括中国台湾地区和香港、澳门特别行政区）销售，不得销往中国以外的其他地区。未经许可，不得以任何方式复制或抄袭本书的任何部分，违者必究。

北京市版权局著作权合同登记号：01-2017-4750

图书在版编目（CIP）数据

我能管好自己：让孩子独立的自我管理课／（美）凯瑟琳·G. 纳多（Kathleen G. Nadeau）著；（美）查尔斯·贝尔（Charles Beyl）绘；李甄译. —北京：化学工业出版社，2018.11（2025.1重印）
（美国心理学会情绪管理自助读物）

书名原文：Learning to Plan and Be Organized: Executive Function Skills for Kids with AD/HD

ISBN 978-7-122-32965-3

I. ①我⋯ II. ①凯⋯ ②查⋯ ③李⋯ III. ①自我管理－青少年读物 IV. ①C912.1-49

中国版本图书馆CIP数据核字（2018）第202312号

责任编辑：郝付云　肖志明　　　　　　装帧设计：邵海波
责任校对：王　静

出版发行：化学工业出版社（北京市东城区青年湖南街13号　邮政编码100011）
印　　装：大厂回族自治县聚鑫印刷有限责任公司
710mm×1000 mm　1/16　印张7½　字数70千字　2025年1月北京第1版第11次印刷

购书咨询：010-64518888　　　售后服务：010-64518899
网　　址：http://www.cip.com.cn

凡购买本书，如有缺损质量问题，本社销售中心负责调换。

定　价：29.80元　　　　　　　　　　　　　　　　版权所有　违者必究

译者序

我之所以毫不犹豫地决定翻译这本书，主要有两个原因。一是因为执行功能（一种需要自我调节参与的、一系列复杂的认知技能，通常包括控制、定向以及对认知、情绪和行为的计划）是我非常感兴趣的研究主题之一。从2007年开始，我就和美国密歇根大学的合作者一起研究执行功能的发展以及跨文化比较，并且特别关注学校教育在其中的作用，因为执行功能是儿童学业成就的核心预测指标。另外一个原因是我在加入中华医学会儿科分会发育行为青年学组之后，有更多机会了解发育障碍群体。在关注发育障碍的基础研究的同时，也格外关注这个群体儿童的干预研究。

注意缺陷/多动障碍（AD/HD）是一种常见的慢性童年期神经发育疾病，与各种行为问题、情绪问题和学业成绩低下密切相关。目前，我国儿童注意缺陷/多动障碍在全国范围内的发病率约为5.7%，药物治疗与教育和行为治疗综合干预的模式是改善这些儿童行为的重要途径。但遗憾的是，教育和行为干预在我国还需要更多的探索和研究。

令人欣喜的是，化学工业出版社引进了美国心理学会（APA）的这本书。这本书是专门写给处于小学阶段的注意缺陷/多动障碍儿童，旨在改善他们的执行功能和日常行为。作者从不同的方面为小学生提供了让生活和学习更加有组织有条理的方法和策略。整体设计循序渐进，操作性强，注重激励，非常实用。作者的表达简洁直接，特别适合小学生阅读。**儿童行为的改善离不开父母的支持。作者在书中也给父母提出了建议，并主张在儿童使用方法和策略的同时获得父母的支持。**所以，希望改善注意缺陷/多动障碍儿童行为的家长一定要参与到支持和帮助孩子的过程之中。

虽然支持执行功能发展的大脑前额叶需要经历很长的时间才能发育成熟，但学前期是执行功能快速发展变化的重要时期，处于这个时期的儿童特别需要良好环境的支持，这样在入学后才能够顺利地适应学校生活。在翻译本书的过程中，我意识到，书中提到的方法和策略对于发展正常的儿童（特别是学前儿童）建立良好的生活和学习常规也是非常有帮助的。

希望看到本书的读者，能够学习并实践这些改善和促进儿童执行功能发展的方法和策略，为儿童适应学校生活、体验学习给他们带来的快乐和成就感保驾护航。

李 甦

致父母

计划和组织能力是两项重要的"执行功能"(EF)技能，是我们设定并完成任务所需的所有重要技能。控制情绪和抑制冲动的能力都属于执行功能的范畴。指向和维持注意的能力也是一种执行功能。虽然不是所有在执行功能方面有困难的孩子都有注意缺陷/多动障碍，但所有有注意缺陷/多动障碍的孩子都在执行功能方面存在困扰。

执行功能在很大程度上是由大脑前额叶所控制的，而大脑的这一部分直到我们20岁的时候才会发育成熟。这就是我们把执行功能的发展与成熟联系在一起的原因。随着年龄的增长，我们的大脑能够更好地制订计划，监控进展，控制情绪和抑制那些往往会使我们偏离长期目标的冲动，并随着环境变化或在可以利用新信息的时候改变计划。

如果孩子在成长的过程中一直努力地发展执行技能，他们在成年后执行能力就会变得更强。例如，孩子在幼儿园里会学习一些控制冲动的基本技巧，如"小手放在小腿上""在心里说""用语言，而不是用拳头""停下来，看看两边"。这些话语都是我们教给孩子的,用来帮助他们发展控制冲动的能力。

养成好习惯,形成常规,学习整理东西、管理时间和构建工作记忆都是本书所涉及的主要执行功能。

本书是专门为小学生写的。这本书的内容和练习也很适合有注意缺陷/多动障碍的儿童。书中用充满童趣的卡通画来吸引孩子的兴趣,可读性强(即使对于那些不喜欢阅读的孩子来说也很愿意读)。内容分成了不同的章节,便于孩子阅读。本书除了鼓励父母与孩子一起阅读外,也可以用来指导学校辅导员和其他专业人士。

书里在提到如何建立新的习惯,如何养成良好的晨间、课后和睡前常规,以及如何制订计划时,用到了一些表格,这些表格还可以在网站 www.apa.org/pubs/magination 上免费下载(pdf 格式)。

因为这本书是写给小学一年级至五年级学生的,所以作为家长需要判断你的孩子是否为学习新技能做好了准备。

一般来说，你要鼓励你的孩子先掌握"早期技能"。这些技能包括：

- 准时上床睡觉。

- 练习晨间和睡前生活常规，直到自己很自然地执行常规。

- 保持房间整洁。

- 记着收拾东西，整理东西并在使用完之后放回原处。

- 有时间观念。

- 把握时间，查看家庭日历，知道什么时候该去做一些特别的事情。

当你的孩子在上四年级或五年级时，就可以增加计划和组织技能的培养了。因此，他们一旦掌握了"早期技能"，此时就该专注于学习：

- 注意时间进度，在没有任何提醒的情况下能准时做事。

- 给自己设置提醒——把习惯坚持下去。

- 独立做作业或做家务。

- 用记日历的方式来管理作业以及其他事情。

你可以让孩子一次专注于学习一项技能。如果你的孩子喜欢看这本书，可以一口气看完，但是，当你开始帮助孩子发展这些执行技能时，一次就要专注于学习一项技能。要有耐心并鼓励孩子。在学习过程中要积极奖励孩子的进步，不要等到孩子做到完美才奖励。

成功的关键是：

- 让这些练习变得有意思。

- 设置切实可行、符合孩子年龄的目标。

- 如果孩子遇到困难，要鼓励他们。

- 用接纳和赞美的态度来奖励孩子。

- 如果孩子需要更大的动力，可以给特殊的奖励或物质奖励。

执行功能技能对于孩子日后的成功很重要。请记住，这些技能是经过多年的发展而形成的。我希望这本书能以精彩有趣的方式，帮助你的孩子建立自信，培养他们自我管理的能力。

致 孩 子

生活中有许多我们需要注意的事情，这对我们来说是很不容易的。我们需要学会一点一点地去做事情。还记得你三岁的时候吗？那时候，没人指望你知道什么是时间，也没人指望你能记得去刷牙；你的父母不指望你能自己穿衣服，也不指望你在没有提醒的情况下去吃早餐。

现在你已经长大了，你有更多的事情要去关注。比如带上参加学校郊游的钱和家长同意书，或者记得带上足球服和球鞋，这样你就可以直接去参加足球训练了。

这本书将帮助你更好地计划和组织你要做的事情，学会管理时间。当你计划和组织能力越来越强时，你的烦恼和问题也会越来越少，生活也会更加顺畅。

许多孩子发现很难有计划和有组织地做一些事情，我们称之为注意缺陷/多动障碍，有时只是注意缺陷障碍（ADD）。其实，所有的孩子都必须学会有条理地做事，并且记住要把事情做完，但是当你有注意缺陷/多动障碍时，这会变得更难。

因为你大脑中帮助你计划和组织的那部分处于一种"昏昏欲睡"的状态,"昏昏欲睡"的大脑让你很难专心做事,也很难坚持把一件事情做完,而完成事情又是"有组织"的非常重要的组成部分。

注意缺陷/多动障碍的孩子是非常聪明和有创造力的。他们可能会想出一些其他孩子想不到的好主意。有时候,当你想象力很丰富而且还有注意缺陷/多动障碍时,你就很难把注意力放在你正在做的事情上,因为你的大脑总是在想着各种各样有趣的事情。

你可以做很多事情来让自己的生活过得更顺畅,也有很多方法可以让你的父母帮助你更好地记住、规划和做完事情。我们希望你和你的父母或其他大人一起读这本书,这样你就可以和他们谈论你读到的内容。

你的父母给你买了这本书,是希望能够提升你的计划和组织能力。这种能力不仅能帮助你做好不喜欢做的事情,比如打扫房间和写作业,也能帮助你做好你喜欢做的事情。例如,如果你想做布朗尼蛋糕,但是你没有提前制订计划,忘了列一张你做蛋糕所需东西的清单,那么你就做不出美味的蛋糕,当然也就不能品尝它!但如果你列出了你所需东西的清单,也许只要妈妈或爸爸的一点帮助,你就会做出美味的布朗尼蛋糕,然后开心地吃一顿!

计划和组织技能包括下面这些内容：

- 为事情制订计划。

- 整理你的东西。

- 记住你需要做什么。

- 计算出做一件事情的时间。

- 记录时间，这样你就能准时完成各项任务。

- 坚持做完一件事。

- 面对困难的事情，要坚持到底不放弃。

- 遇到挫折，要积极解决问题。

这些都是所谓的"执行功能技能"。这是一个很大的术语，意思是知道如何去完成事情。这本书将帮助你掌握这些技能。你知道吗？如果你学会了这些技能，你就能实现你的目标！

没有两个孩子是完全一样的。在这本书的开头，你会找到一份清单，叫作"我的小档案"。和你的妈妈或爸爸一起阅读清单上的每一条内容，然后选中描述你的选项。一旦你理解了对你来说具有更大挑战的事情，你就能知道和父母一起从哪里开始学习新的技能了。

目 录

第1章　我的小档案　　　　　　　　　　　　　　　　1

第2章　怎样才能养成好习惯　　　　　　　　　　　　11

第3章　我的晨间常规
　　　　——早晨上学前不用再"打仗"　　　　　　　19

第4章　我放学后的常规
　　　　——放学后怎样安排学习和休息　　　　　　29

第5章　我的睡前常规
　　　　——晚上怎样才能睡好　　　　　　　　　　35

第6章　我该如何整理房间　　　　　　　　　　　　　43

第7章　如何坚持把一件事情做完　　　　　　　　　　53

第8章　我会自己管理好时间　　　　　　　　　　　　63

第9章　我该如何制订计划　　　　　　　　　　　　　75

第10章　我老爱忘事儿，怎么办　　　　　　　　　　 83

给父母的提示　　　　　　　　　　　　　　　　　　　97

有帮助的网站和图书　　　　　　　　　　　　　　　　104

第1章
我的小档案

下面的清单是一些注意缺陷/多动障碍的孩子对自己的描述。这个清单也可以帮助你更清楚地了解自己。它能帮助你发现自己的长处和优势,也能帮助你发现问题。你可以和爸爸妈妈一起对照着清单上的问题做一个小测试,这也是帮助你找到问题的好方法。

现在,花一分钟时间来检查一下你的答案。你可能已经能做好一些事情了,可是有些事情还需要帮助才能做好。

这个测试无所谓对错——只是让你更加了解你自己。

我的习惯

☐ 我很难养成一种新习惯并坚持下去。

☐ 我练习一种新习惯要好几天,之后还是会经常忘记它。

☐ 父母或老师因为我忘记习惯而批评我时,我会感到很难过。

☐ 即使我很努力,我仍然会忘记一些习惯,比如到学校要交作业。

我的晨间常规

- [ ] 该起床时，我通常感觉很累，想多睡一会儿。
- [ ] 我在早上到处找上学需要用的东西。
- [ ] 有时我会因为误了公交车而迟到。
- [ ] 早上本来应该穿好衣服后，下楼吃早餐，可我却手忙脚乱。
- [ ] 有时我会忘记带一些上学需要的东西，然后不得不打电话给我的父母，让他们给我送到学校。
- [ ] 有时我不吃早餐，因为我没有时间。

我放学后的常规

- [ ] 当妈妈或爸爸让我放学后做家务时，我通常会忘记。
- [ ] 我放学一回到家就躺着看电视，而不是写家庭作业或做家务。
- [ ] 我放学后通常感觉很累，不想写家庭作业。
- [ ] 我总是拖着不想写作业，除非妈妈或爸爸催我写。
- [ ] 我总是要花很长时间才能把家庭作业写完。

我的睡前常规

☐ 我经常熬夜,这让我睡眠不足。

☐ 我晚上很难入睡。

☐ 除非有人提醒我,否则我经常忘记刷牙。

☐ 我在睡前一般不会把第二天要穿的衣服整理好。

☐ 该睡觉时,我还会玩手机或iPad上的游戏。

整理东西

☐ 我的卧室常常乱七八糟。

☐ 因为我不整理房间,父母很生气。

☐ 当我试着整理东西的时候,我真的不知道该把每样东西放在哪里。

☐ 我的房间里有很多我已经不需要的东西。

☐ 当父母要我打扫房间时,我不知道从哪里开始做。

☐ 我的衣柜里堆着一堆乱七八糟的东西,所以很难找到想找的东西。

把事情做完

☐ 我真的很想把事情做完,但我常常会分心。

☐ 我忘记了我需要做完的事情。

☐ 我制订了计划,但我告诉自己晚点再开始做。

☐ 我在做大项目时,往往很难开始。

☐ 我不想去做有困难或者不感兴趣的事情。

时间管理

☐ 我常常在要出门了还没准备好。

☐ 我没有时间观念,尤其是看电视或者玩游戏的时候。

☐ 我经常把事情拖到最后时刻再赶时间,而不是提前做好准备。

☐ 我写作业的时间总是比我计划的长。

☐ 我通常会等着父母提醒我哪些时间该做哪些事情。

制订计划

☐ 因为我不知道从哪里入手,所以我很难开始做学校的大项目。

- ☐ 因为我总是拖到很晚才开始做项目,所以我很难按时完成。

- ☐ 因为我没有提前为项目做好准备,所以我总是在最后时刻求助父母帮我查阅资料。

- ☐ 我总是认为,我完成项目可以比自己预期的要快。

- ☐ 父母告诉我,下次要做大项目时,我需要学会提前计划好。

记住事情

- ☐ 我忘记了妈妈或爸爸告诉我的事情。

- ☐ 我不会把要记住的事情写下来——只是试着在脑子里记住它们。

- ☐ 我总是忘记告诉父母学校的要求,比如要交给学校去郊游的钱或者家长同意书。

- ☐ 我忘记让父母给我查课题需要的资料。

- ☐ 我记不清楚把东西放在哪里了。

我希望大家能理解我

☐ 我忘记做一些事情并不是因为我不在乎。

☐ 我真的需要很多提醒来帮助我记忆。

☐ 我总会有一些想法让我分心。

☐ 我希望父母能帮我找到解决问题的办法,而不是生我的气。

☐ 当我充满创造力的大脑开动时,我的有条理性的大脑就关闭了。

☐ 如果大家看起来好像我做事没尽力,但其实我真的尽力了。

☐ 当大家指出我做错了的时候,我就会很沮丧。

☐ 大家的拥抱和鼓励可以帮助我。

恭喜你! 现在你已经完成了清单上的小测试。你可以和父母聊聊你的答案,他们同意你的答案吗?他们对你的回答感到惊讶吗?你可能会觉得,这里面有很多问题都跟你很像,不过……

别担心!

总有方法可以帮到你!

  这本书就会告诉你很多方法,让你的生活变得更加顺畅,不再为一些事情而手忙脚乱或者心烦,其中有很多父母帮助你的方法,也有很多你能帮助自己的方法。

  现在,如果你和很多其他孩子一样,开始对讨论条理性这个话题有点厌倦了,那么没关系,集中精力阅读一段时间后,可以适当放松和休息一下。"集中"意味着你真正努力去把注意力集中在一起。

休息一下，玩个趣味游戏吧！

哇！你已经了解了很多让生活变得更有序的知识，现在该休息了！看看你能不能从下面这些字母中找到隐藏的单词！

TIME
PLAN
HABIT
CLEAN
LUNCH
BEDTIME
BREAK

休息之后，你是不是感觉好多了？休息也是一个需要学习的好习惯。如果你每20多分钟休息一次，你完成一项大的任务就会更容易些。例如，如果你正在写作业或者打扫自己的房间，如果你能努力做15~20分钟，然后休息5分钟，你就会完成更多的事情。爸爸或妈妈可以给你设定好休息时间，你就知道什么时候开始休息，什么时候结束。

在休息的时候，你可以做一些事情，比如：

- 唱首歌。
- 做15个开合跳。
- 和爸爸或妈妈聊天。
- 做10个缓慢的深呼吸。

在休息的时候，你不可以做的事情，比如：

- 看电视。
- 玩电子游戏。
- 去别的屋子跟哥哥或姐姐玩。

这些都是在休息时间不可以做的事情，因为你会沉浸在游戏或电视节目中，不想再回去写作业或者打扫房间。这些活动应该作为你完成家庭作业或者打扫完房间后的奖励。

此时，你已经了解了很多了。**真棒**！

第 2 章
怎样才能养成好习惯

在这本书中，我们将教你养成许多不同的日常习惯，因为当你养成了良好的习惯，生活就变得更加简单。当一件事情成为了习惯，它会变得自动化，你甚至不用去想它，就会自动去做了。

如何养成新习惯

这本书教给你的第一件事就是如何养成一个新的习惯。如果你每天都练习，那么养成一个新的习惯大约需要一个月的时间。以下是养成新习惯的 11 个步骤。

1 把你的新习惯和一个旧习惯"绑"在一起。

如果你已经习惯地做一些事情，那么如果你把新的习惯和已经建立的习惯联系起来，养成新的习惯就会更容易。例如，如果你需要记住每天早上服用维生素，并且你已经有了在早餐后刷牙的习惯，那么你就可以把装维生素的药盒放在牙刷的旁边，这样你就能看到它，记得在刷牙前服用维生素。这就是将吃维生素的习惯与刷牙的习惯"绑"在一起。

2 让新习惯尽可能简单。

尽可能用简单的步骤来养成你的新习惯。例如，如果你吃维生素的时候需要喝水,你可以在卫生间放维生素药盒的旁边放一个杯子,这样,你吃维生素的时候就不用跑厨房里找杯子了。另一种更简单的方法是换成口嚼维生素,你可以直接放在嘴里嚼而不需要喝水了。

3 让新习惯很难被忽视。

一旦养成习惯,就很难忘记做这件事了。例如,你可以把维生素药盒放在牙刷旁边的浴室柜上,远离柜台上的其他物品,这样药盒就不会"隐藏"在杂物中了。

4 提醒无处不在。

如果需要,你可以创建尽可能多的提醒。例如,你可以在浴室的镜子上贴一张便签来提醒自己服用维生素。你甚至还可以在牙刷上贴一张便签!

5 连续10次练习新习惯。

这并不是让你在一个早晨服用10次维生素。你可以走进浴室,假装服用维生素,假装刷牙,然后离开浴室。再做一次——直至10次。你在这样做的时候,可能会觉得很傻,但是你正在建立你的肌肉记忆,这将使你在刷牙前服用维生素变成"常规"行为。

6 **想象正在做新的行为**。

你是否知道,一遍又一遍地想象一件事情几乎和一遍又一遍地做这件事情具有一样好的效果?所以,在开始做早晨需要做的事情之前,坐下来想象一下要做的每一步对你都很有帮助。

7 **练习"即时改正"**。

一旦你想起来你忘记做新习惯要做的事情,马上回头去做就是"即时改正"。如果你想起来的时候碰巧不在家,那就给自己写个便签,提醒自己放学回家后第一件事就是去做这件事。

8 **回到马背上,骑马前行**。

就像你从马背上摔下来之后应该再回到马背上一样,如果你没有坚持下去,你就应该重新养成你的习惯。如果你好几天都忘了吃维生素,那就重新开始服用。回到马背上,重新骑马前行!

9 **如果上述方法没用,要有新的解决方案**。

如果你按照我们上面谈到的所有步骤去做,但还是忘记服

用维生素,不要轻易放弃,要积极解决问题!也许在卫生间刷牙前吃维生素并不是一个好习惯,你可以和父母谈谈,看看是否能想出一个更好的习惯。例如,也许你可以把维生素放到吃早餐的桌子上。

10 连续30天练习这个习惯。

每次服用维生素都做记录,并跟踪你的新习惯,直到连续坚持30天。

11 奖励自己!

在养成新习惯的过程中你也需要大家的鼓励。告诉父母你已经成功坚持了整整一周,他们就会向你表示祝贺和鼓励。如果你已经坚持了两周,就可以举行一个小的庆祝活动。然后是坚持三周。当你坚持了30天后,就可以给自己一个有趣的奖励。

选择一个新习惯

既然你已经学会如何养成一种新习惯,那么现在可以来选择养成哪种新习惯了。

和父母聊聊,列出一些你想养成的、让生活更加顺畅的新习惯,然后先选择一个进行尝试。

把你的新习惯写在下一页的习惯图表上。

你可以用贴纸和星星,让行为追踪变得更有趣。

你还可以和父母谈谈你养成新习惯后的奖励!

祝贺你! 你正在养成良好的习惯,这将让你的生活更加美好。

我的新习惯

新习惯的名称：_____

我想绑定的旧习惯：_____

我怎么提醒自己：_____

时间	准时完成	记着完成但完成的时间晚了	在提醒之后完成
周一			
周二			
周三			
周四			
周五			
周六			
周日			

开始行动吧！请记住，如果方法不奏效，就要开始找解决问题的新方法，比如，和另一个习惯绑定，进行更多的提醒，换个时间去做。不断解决问题，你就能达到目标！

第2章 怎样才能养成好习惯

休息一下,玩个趣味游戏吧!

你能想起你已经养成的一个好习惯吗?在下面的空白处画出来或者写出来吧!

第 3 章
我的晨间常规
——早晨上学前不用再"打仗"

在上一章，你知道了如何养成习惯。在这一章，我们将学习如何建立日常生活的常规。习惯是自动化地做一个单一的行为——比如刷牙。常规是一个链条上的连续的几个习惯，是你每天按照相同的顺序要做的一组习惯。

建立常规对你很有帮助，因为一旦你养成了一种常规，之后就不必再去多想，它会帮助你管理好每天的时间，这样你就能完成所有重要的事情。

在这本书中，我们将帮助你建立三个重要的日常生活常规：

1 晨间常规

2 放学后的常规

3 睡前常规

让我们先谈谈你的晨间常规吧。当你的早晨过得很愉快时，你就会有一个好的开始，在一天的生活中，事情就有可能变得更顺畅。

拥有一个美好的早晨是从前一天晚上开始的。为什么？因为睡个好觉是拥有一个美好早晨的最重要的部分，这样你就不会太累。你会在第5章中读到更多关于如何养成良好的睡眠习惯的内容。

你的早晨通常是怎样度过的呢？

很多孩子在早上感觉很累，无法按时起床。然后，等他们起床后，他们就很难做好准备，因为他们找不到需要的东西。起床晚了，也没有做好准备，一些孩子甚至无法吃一顿健康的早餐就冲出了家门。

这是你早上常有的样子吗？

按照这一章的方法，很快你就会拥有平静、快乐的早晨。

早上总是手忙脚乱，怎么办

建立晨间常规的第一步是思考你早上需要做的所有事情。和你的父母谈谈，把你每天早上出门之前需要做的事情列一张清单。

从你需要出门的时间倒推来安排事情可能会对你有所帮助，并且要符合现实情况。如果你的车是8：00到，你可能要把离开的时间定在7：45，而不是7：59。

一旦你确定了每天早上需要做的事情,就和你的父母一起列一张清单。你的清单可能是这样的:

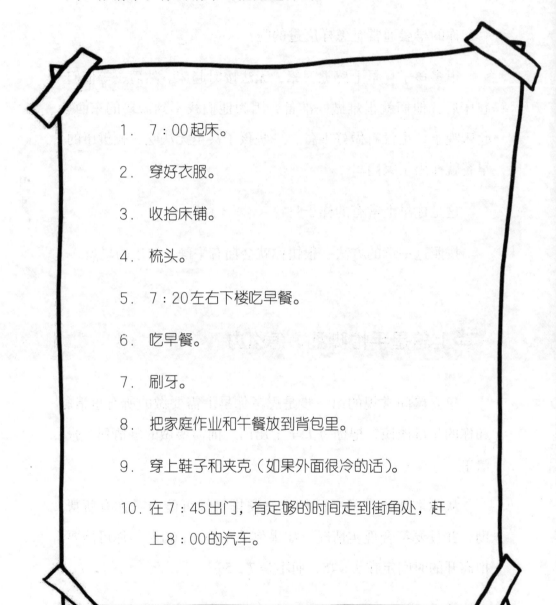

1. 7:00起床。

2. 穿好衣服。

3. 收拾床铺。

4. 梳头。

5. 7:20左右下楼吃早餐。

6. 吃早餐。

7. 刷牙。

8. 把家庭作业和午餐放到背包里。

9. 穿上鞋子和夹克(如果外面很冷的话)。

10. 在7:45出门,有足够的时间走到街角处,赶上8:00的汽车。

我的晨间检查清单

使用本书所提供的晨间检查清单来列出你自己的晨间活动。和你的父母讨论你每天早上要做事情的顺序，然后把这些事情列在下面这张清单上，把它放在你每天早上都能看到的地方。有些孩子在卧室或卫生间也会放一份这张清单的复印件作为提醒，另一份放在厨房里供每天早上检查用。

晨间要做的事情	周一	周二	周三	周四	周五
1.					
2.					
3.					
4.					
5.					
6.					
7.					
8.					
9.					
10.					

每天早晨，在你离家去学校之前，检查一下你每天早上要完成的每件事情。如果有什么事情你总是忘记去做，就应该设置提醒或者改变你的常规了。你练习得越多，你的日常生活就会变得越顺畅。祝你好运！

你还可以把晨间检查清单贴在冰箱上，或者每天早上你都能看到的地方。每天早上，你和你的父母都可以检查你要按时完成的事情。在第一周结束的时候，你可能就开始养成新的晨间常规了！

怎样才能按时起床

任何孩子晨间清单上的第一项都是起床。很多孩子早上都很难按时起床。你呢？

如果你早上总是很累，那说明你需要更多的睡眠。我们将在第5章详细讨论如何建立睡前常规。

除了确保你每晚睡眠充足，这里有一些建议可以帮助你在早上更容易起床，和你的父母聊聊，找出最适合你的方法。

- 在你需要起床的15分钟前设置闹钟。这会给你留出一段时间起床，而且不会迟到。

- 请你的父母给你一个"人造黎明"的灯。这种灯刚打开时非常暗，随后逐渐变得明亮。这样你会更自然地醒来，就好像太阳在唤醒你一样。这在秋天和冬天对你更有帮助，因为那时在你需要醒来的时候，外面的天仍然是黑的。

- 另一个诀窍是把闹钟放在离床远一些的地方。你必须从床上爬起来才能把它关掉，然后你猜怎么着？你清醒啦！

- 一个有趣的起床方式是使用一个会跑的闹钟。这是一个好玩的闹钟，它会从你身边跑开，你必须要在房间里追着它才能抓住它，然后把它关掉。

- 在春天和夏天，试着打开你的窗帘，让清晨的自然光线进入你的房间。

- 你的父母可能会愿意给你一个"10分钟警告"和一个"5分钟警告"，让你在完全起床之前慢慢醒来。

晨间准备

现在你知道了一些关于如何准时起床的方法，让我们来谈谈其他的晨间常规。记住，一个美好的早晨是从前一天晚上开始的！

每天晚上睡觉前，把早上要穿的衣服提前拿出来，把所有需要带到学校的东西都放到背包里。如果你需要父母签字，那就确保在前一天晚上让父母签好字。如果你要自己带午饭，在前一天晚上也要差不多都做好。你在前一天晚上做得越多，早晨就会越从容！

忘带上学的东西怎么办

创建一个"发射场"——一个特别的地方，你可以把所有上学需要的东西都放在这里。在前一天晚上整理好第二天上学需要的所有东西，并把它们放到"发射场"。你需要带乐器、足球夹板吗？你需要带上参加学校郊游的钱吗？想想明天会发生什么，请父母帮助你记住你特别需要带的东西。然后把所有东西都放在你的"发射场"。你将会有美好的一天。

我怎样才能更专心

当你有多动障碍时，你很容易分心，经常会脱离晨间常规。

例如，在你起床的时候，你的兄弟姐妹正在为上学做准备，你可能会和他们聊天，停下来不穿衣服了。或者你在房间里看到一些好玩东西，然后开始玩它们。

一个有多动障碍的男孩把他的衣服带到楼下厨房附近的卫生间，他的爸爸正在厨房准备早餐。这样，他就不会被自己房间里的东西分散注意力，而他的爸爸就在旁边，也能帮助他按照常规去做，并能知道当下的时间。

你认为这个方法对你有用吗？

奖励自己！

改变旧习惯和养成新习惯是非常不容易的。和你的父母一起设立一个奖励。例如，有些孩子可以很快地准备好，并且在去学校之前还有几分钟的时间，他们的父母会奖励他们看上几分钟电视或玩几分钟，有些孩子真的很喜欢这样的奖励。

休息一下，玩个趣味游戏吧！

你能圈出下面两幅图中的不同吗？（提示：两幅图一共有7处不同！）

第4章
我放学后的常规
——放学后怎样安排学习和休息

你下午的常规可能比你早上的常规要复杂得多，因为你每天放学后都可能会有不同的事情。

放学后，你可能有一节课要上或要参加一项体育活动，也可能直接回家。

有的孩子在学校放学后会待在课后托管班中，直到晚饭时间才回家。

这一章所讨论的放学后的常规指的是下午放学后直接回家的常规。

如果你放学后留在学校的课后托管班中，那么你需要建立一个在那儿的常规，让你有时间放松一下，做些运动，把家庭作业做完。

如何安排放学后要做的事情

你可以先列出每天放学后需要做的事情，然后和你的父母谈谈课后你需要做些什么。

你要保证自己有足够的时间来完成所有的事情。晚餐时间开始向前推算可能会对你有所帮助。

例如，你的清单可能是这样的：

- 吃零食——20分钟

- 放松时间——完成阅读的好时间或者做些户外活动——30分钟

- 练习长笛——20分钟

- 写作业——1小时

- 帮助家人准备晚餐，摆桌子——20分钟

你放学后的活动是如何安排的？和你的父母谈谈，如果下午放学你不回家的时候，你的常规应该是什么样的。当你在放学后有一节课或要参加体育运动的时候，也许你下午就没有时间去练习乐器或者帮助家人准备晚餐了。

我放学后的常规

在下面表格的左边把课后要做的事情按次序列出来，然后在每天上学时进行检查。你的事情可以包括：吃零食、户外活动、做作业、喂狗、练习乐器以及你和爸爸妈妈想到的其他事情。

事项	周一	周二	周三	周四	周五
1					
2					
3					
4					
5					
6					

怎样安排休息时间

请注意第31页中的常规清单已包含了休息的时间,例如在做作业之前可以吃零食、阅读以及练习长笛。

这是因为你的大脑待在学校一天后需要休息一下。

怎样抵抗电子产品的诱惑

是什么阻碍了你遵守放学后的常规?

你是否有过这样的经历,应该写作业了,可还是会继续看电视或者玩电子游戏?

一些家庭已经宣布,在工作日晚上他们家是一个"零数字媒介区"。所以,当你需要做家庭作业或者进行指定的阅读练习时,这么做就避免了在手机、iPad或者电视上花费时间。

休息一下,玩个趣味游戏吧!

你能帮助麦迪避开分心物,找到通往"零数字媒介区"的路吗?

第 5 章

我的睡前常规

——晚上怎样才能睡好

睡前常规是一天中最重要的常规之一，因为遵循良好的睡前习惯会保证你能睡个好觉。你知道吗？每晚保证充足的睡眠是你能做的最重要的事情！充足的睡眠能帮助你的大脑学习、记忆、计划和组织。你在上小学的时候，每天需要10~11个小时的睡眠。

我为什么睡不好

如果你晚上睡得晚，无法保证10个小时的睡眠，那么，你首先要知道自己在哪些方面要做出改变。以下是一些可能干扰睡觉的因素：

晚上的活动多

当今忙碌的家庭经常会在晚上外出搞一些活动。例如，有些活动可能会安排在晚上，因为负责组织活动的家长白天有全职的工作。有些运动要在晚上进行练习。有时上课和其他活动也安排在晚上，因为你的父母下午不在家，不能带你去上早一点的课。你可以和父母谈谈晚上的活动安排，并决定是否因为安排了太多的活动而影响了你的睡眠。我们知道让你放弃喜欢的活动很难，但是，如果你白天总是感到疲倦，连学习和写作业都没有精力，你的生活只会变得更难。

"屏幕时间"的影响

"屏幕时间"指的是看电视、玩iPad、电脑或手机所花费的时间。如果你和其他孩子一样,是"屏幕时间"影响你睡觉,那么,为了确保"屏幕时间"不会剥夺你的睡眠时间,那你最好在睡觉前把所有的电子产品都交给父母。这样你就不会受到诱惑,在睡觉时间去打开iPad或手机了。

缺乏时间观念

一个很忙碌的家庭是很容易忘记时间的。你的妈妈或爸爸要忙着准备晚饭,晚饭后要收拾餐具,洗衣服,帮助你完成家庭作业,还有很多其他的事情要做。所以,你们很容易就忘记时间了,也就不能按时准备上床睡觉了。

 拖到很晚才开始写家庭作业

还记得上一章的放学后的常规样例吗?其中包括休息的时间,可以吃零食和阅读,然后练习长笛20分钟,然后再开始做家庭作业。

如果你在放学后会有一节课或要参加体育运动,那么你需要一到家就开始做家庭作业。

你的父母可以通过在周一到周五的夜晚建立一个"零数字媒介区"来帮助你,这样你就不会受到电视、电脑、iPad或手机的诱惑了。

睡前我要做哪些事

现在,你和父母是时候一起坐下来写下你的睡前常规了。

把你的睡前常规贴在卧室里，这样的话你在执行常规的时候就能很方便看到它。你制订的常规可能是下面的这个样子：

晚上 7:00   把第二天需要用的东西放在背包里。一定要把作业放在家庭作业的文件夹里。

上交电子设备！把电子设备（比如手机和iPad）交给妈妈或爸爸。这样就不会在上床后又开始使用它们了。

晚上 7:15   洗澡

刷牙

穿上睡衣

晚上 7:45   准备好第二天要穿的衣服

晚上 8:00   上床睡觉，阅读

晚上 8:30   熄灯

在特定的日子里，你的常规可能会有所不同，例如，如果你有体育锻炼，回家就会晚一点。如果你放学后要上课或有别的安排，你可以写一份适合每一天活动的常规，而不是每天都执行同样的常规。

我的睡前常规

你可以参考书中提供的睡前常规来制订自己的常规。我们把睡前常规中最重要的部分列在表上,并且给你留下了一些空白,你可以在空白处添加一些你常规中要做的其他事情。

睡前常规	周一	周二	周三	周四	周五
1. 上交所有电子设备					
2.					
3.					
4.					
5.					
6. 在床上进行安静的、不玩电子产品的活动					
7. _____ 点熄灯					

我为什么睡不着

如果你上床后难以入睡，这里有一些小贴士供你参考：

- 不要在星期天睡懒觉！这会让你很难在周日晚上 8：30 入睡，并会让你第二天感到疲倦。在熄灯前给自己一些安静的时间。用 20~30 分钟阅读或听轻柔的音乐。

- 上床后不要使用电子设备。上交你的电子设备，这样你就不会被诱惑去使用它们了。

- 确保完成了家庭作业，这样你就不用担心了。

祝你好运！我们知道，只要你开始执行你的睡前常规，并把它变成一种习惯后，你在早晨就会感到很轻松。

记住：

- 慢慢开始，先选择一种习惯，直到你能够适应它。

- 如果你执行常规遇到问题，要和父母一起解决。

- 在每一步变成习惯之前，要使用检查清单。

- 坚持练习，就会成功。

休息一下，玩个趣味游戏吧！

你能把下面的单词重新排序吗？提示：这些单词都与睡觉有关！

ELEPS　　—————

MERDA　　—————

ZOESON　—————————

XERLA　　—————

STER　　　————

SLEEP　　REST　　DREAM
RELAX　　SNOOZE

第 6 章

我该如何整理房间

对很多孩子来说，保持房间整洁，整理好自己的所有东西是不容易的。尤其是对有注意缺陷/多动障碍的孩子会更加困难！

你有没有在打扫过你的房间后，第二天发现好像是从来没有打扫过一样？在这一章里，我们会给你很多建议，帮助你养成良好的整理东西的习惯，让你的房间干净整齐，物品摆放有序——这样你就能轻易找到需要的东西。

我的房间为什么很乱

有两个常见的原因会让小孩子的房间杂乱无章：一是东西太多；二是东西无处可放。

 东西太多

你是不是还保存着你从小玩过的所有毛绒玩具？你是否还留着很多你再也不玩的游戏光盘？也许你的抽屉和壁橱里塞满了不再适合你的东西。如果是的话，那么你的东西太多了！

东西太多是混乱问题的一个部分，也是你的房间、背包和书桌都凌乱不堪的原因。在这一章中，我们将教你当东西太多时该怎么做。

东西无处可放

混乱的另一个原因是没有地方放东西。你是不是只能把东西从一个地方移到另一个地方，但不能把它们拿走？比如，你整理床铺时，得把东西放在地板上或者放在梳妆台上？或者你需要清理桌子时，得把很多东西堆在床上。所以，当你没有足够的存储空间时，你只能把你的杂物从一个地方转移到另一个地方，事实上这并不能让东西整洁有序。

想整理，先分类

你可以通过卧室"挖掘"来解决你的混乱问题。第一次"挖掘"自己的房间时，你可能需要父母的帮助。他们在你"挖掘"时应该在卧室里帮助你，给你建议，但不要替你做。整理房间时，很重要的一点是决定你想把家具放在哪里，以及想要在哪里存放东西。

和你的父母谈谈你"挖掘"房间的想法。他们可能有一些想法，比如你需要从房间里清理多少东西，以及你是否需要更多的储藏空间。

制订一个计划，包括休息时间，这样你和你的父母就不会因为太累而不想再整理房间。

用四个大的塑料箱子或纸板箱开始整理房间。用大的、容易读的标签来标识四个箱子。用马克笔在宽胶带上写上标签并贴在箱子上,这样你在房间的各个地方很容易就能看到标签。你可以用下面的标签来标识四个箱子:

- 送人
- 扔掉
- 收藏
- 保留

送人

送人指的是那些你不再用的东西,但是这些东西别人或许能用。你可能会把这些东西送给弟弟或妹妹(比如太小的衣服或者是给小孩子的玩具),或者捐给当地的慈善机构。为此你可以制订一个原则,告诉你什么是可以放弃的。一个可能对你有用的原则是:

如果我在一年内没用过它,那就把它送给那些需要的人。

扔掉

扔掉的东西是那些没有人能再使用的东西，比如垃圾、旧报纸、破玩具、不完整的游戏光盘以及撕破或弄脏的衣服。

 收藏

收藏的东西是指那些你现在没有用的东西，但是以后可能会用到。这些东西有：

- 过季衣服。例如，在天气热的时候，你会把你的冬衣、靴子和滑雪衣收好。在天气冷的时候，你会把泳衣、沙滩毛巾、短裤和无袖衬衫等收起来。

- 你现在不用但以后可能会用到的东西。你可能有运动器材，但是你现在已经不做这个运动了，或者你可能有一个乐器和乐谱架，但是你现在已经不上这门课了。

- 你所依恋的东西，但是，你又不想因为它们而把你的房间弄得乱七八糟。比如，你喜欢的书、游戏或毛绒玩具。你很依恋它们，但其实不再玩了。

保留

把哪些东西放进你的"保留箱"里可能看起来挺容易决定,但你可能需要和父母好好商量后再做决定。比如,你的东西太多了,而房间的空间有限,你不可能把所有东西都放进"保留箱"。

我该把东西放在哪里

一旦你已经和父母一起决定了要把哪些东西留在你的房间里,你就该给它们找个家了。如果有一个特别的地方能放你的东西,那么让你的房间保持整洁就非常容易了。接下来就是要确定你是否有足够和恰当的储存空间。

 收纳衣服

你的衣柜里和梳妆台的抽屉里有足够的空间吗?你存放鞋子的方式是否合理有序,方便你找到它们吗?你可以清理你的梳妆台和衣柜,这样你就有足够的空间来收纳你的所有衣服。如果你没有地方放其他季节穿的衣服也没关系。你可以把过季的衣服放到一个"收藏箱"里,然后给这个箱子贴个标签。之后,随着季节的变化,来回替换壁橱和收藏箱里的衣服。

整理杂物

不同的孩子想要在他们的房间里留下不同的东西。你可能想要在房间里放很多的乐高积木，或者是大量的书和毛绒玩具。你还可能在房间里养了宠物乌龟或鱼。

无论你在房间里放什么东西，你都需要确保房间里有足够的架子和地方来存放东西。这样，每个物品都有自己的"家"，而不是乱七八糟堆在一起。

存储这些东西并不需要花很多钱。如果你收集了一些东西，想把它们放在房间里，以便随时带它们出去玩，你可以把它们放进一些干净的塑料箱子（这样你就知道里面放的是什么）里。这些箱子的尺寸最好能正好塞到你的床底下。

养成随时整理东西的习惯

祝贺你！你已经会把房间打扫干净了，也会整理好房间了。

接下来就是有点麻烦的部分。如果你继续按照之前的做法，你的房间很快又会变得乱七八糟。

所以，你需要一些练习来保持房间整洁有序：

- 如果你把一件东西拿出来,那么也要把它放回去。这对你来说会很容易,因为你房间里的所有东西现在都有了一个家。

- 如果你穿一件衣服,就把它挂起来。如果衣服脏了,就把它放到洗衣篮里。你可以试着在衣橱和洗衣篮附近换衣服。这样,把衣服挂起来或者放进洗衣篮就很容易了。

- 当你增加一些东西的时候,需要再减去一些东西。如果你这么做,房间就不会再拥挤了。无论什么时候你把新东西带到你的房间,你都需要拿走和它一样大小的东西。你要决定减去的东西是扔掉的,送人的,还是收藏的(如果你想以后用的话)。

- 每个季节——春季、夏季、秋季和冬季都要在你的房间里做一次"挖掘"。扔掉你不再用的东西,确保你所保留的每件东西都有一个美好的家。现在,既然你已经做了"大挖掘",那么季节性"挖掘"也会非常快地完成,你会喜欢整洁有序的房间。

第6章 我该如何整理房间

休息一下，玩个趣味游戏吧！

这张图的下面有一些食物。你能在图片中找到这些食物吗？（提示：在页面的底部可以看到答案！）

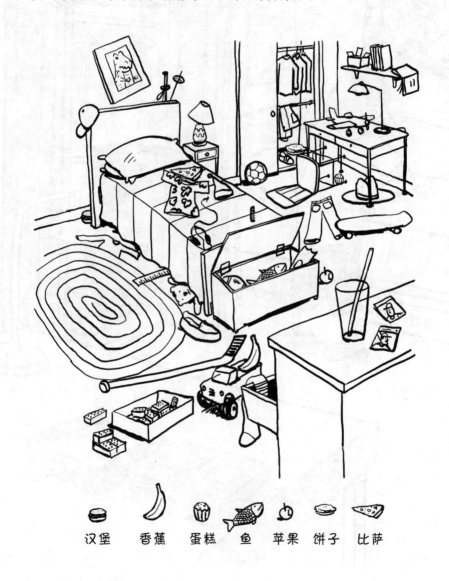

汉堡　香蕉　蛋糕　鱼　苹果　饼子　比萨

第7章

如何坚持把一件事情做完

你可以学习的最重要的事情之一，就是如何坚持把一件事情做完。

生活中有很多重要的事情，比如做家务和做家庭作业，但这些事情可能做起来又没有什么意思。那么，当你不想做某件事的时候，你通常会怎么做？你有没有和许多其他孩子（甚至成年人）一样拖延着不想做？你告诉自己，"以后再做吧"，或者"我现在不用做这件事，截止日期要到周一呢"。你可能会一直拖延，直到出现危机。

在这一章中，我们将告诉你一些方法和技巧，让你做事情变得更加简单有趣。

改掉"拖延症"

你知道吗？如果你安排了特定的一天和特定的时间去做一件事情，你更有可能完成任务。这是真的！如果你没有安排特定的时间做家庭作业或做家务，你就会一直拖延，因为总有"晚些时候"再做而不是"现在"去做。

但是，如果你把时间安排在你的日程或日历表上，当那个时间到来时，你就不太可能去做别的事情了。

如果你在每天或者每星期安排相同的时间来做一件事情，

比如每天从学校回到家时要帮忙摆放碗筷,或者每周六早晨总是在干别的事情之前打扫房间,你就更有可能完成这件事。

和你的父母谈谈,安排一个合适的时间来做家务和家庭作业,然后把它们写在你的日程或日历表上。

让做事变得更有趣

这里有一些方法可以让做家务变得更有趣。我们肯定你还会想出其他的好点子。

听你喜欢的快节奏、充满活力的音乐

快节奏的音乐让人感到更有活力。当我们听到好听的音乐时，我们的身体自然想要动起来——这就是为什么有那么多的人在健身房锻炼时会听音乐。音乐能让身体更容易动起来，能使姿势更容易保持。所以，下次你需要清理房间或整理玩具时，打开音乐，随着音乐动起来吧！

把做事变成一场比赛

有些孩子在竞争中会更有动力。如果你有一个兄弟或姐妹，你可以设置一场比赛。无论谁完成了一天或一周的家务，谁就能先赢得一个奖励。你可以和父母谈谈如何设置比赛，要让比赛是公平的，并且每个人都能理解比赛规则。如果大家在规定时间之前完成了所有的家务，你也可以设立第二个奖项给亚军。不管怎么做，都是为了帮助你激励大家把事情做完。

玩"打败闹钟"的游戏

如果家里没有其他的竞争对手,你可以和自己玩"打败闹钟"的游戏。你需要估算做某项家务的时间,然后下次你再做这项家务时就可以玩"打败闹钟"的游戏了:用定时器设置好上一次你完成家务的时间,然后看看这次能否更快地做完。玩"打败闹钟"游戏会帮助你专注于自己的任务,不为其他事情分心。但是记住,玩"打败闹钟"的游戏,不是让你为了快而不好好做事情,而是让你又快又好地把事情做完。

 把做事想象成游戏

发挥你的想象力,把你要完成的任务想象成一场假装游戏。例如,你是否知道西点军校或海军学院(训练学生成为陆军或海军军官的学院)有非常严格的房间检查?有人说,房间检查是最难通过的事情之一。这些学生的床铺必须整理得非常完美,床单要塞得很紧,甚至可以在床单上弹起一枚硬币。每一件衣服都必须以一种特定的方式折叠,然后放进一个特定的抽屉里。

假装你是一名陆军军校学员或海军军官,准备好了接受房间检查,这可能会很有趣。看看你的房间,你是否能让一切都变得完美。仔细地整理床铺,小心地挂好衣服,把鞋子放进鞋柜里,整理好你的桌子和柜子,这样你就可以"通过检查"了。

让别人帮忙

有时,如果你和别人一起做家务会更有趣。这就是"众人拾柴火焰高"的意思。当在一件事情上有很多人帮忙,事情就能更快地做完。你可以主动帮助其他人做家务,来换取他们对你的帮助。例如,你可以帮助妈妈或爸爸清理厨房,他们可以

帮助你打扫房间。或者你先帮助兄弟姐妹打扫房间，然后他们帮助你打扫你的房间。

 把最喜欢做的事情留到最后

我们经常会把做家务或做家庭作业的时间往后推，因为我们正在做我们喜欢做的事情，不想停下来。

把自己从有趣的事情中拉出来，去做一些不太有趣的事情，这是非常困难的。

相反，可以制订一条"把最喜欢做的事情留到最后"的规则。换句话说，用你最喜欢的事情来奖励自己去做不太有趣的事情。

这样，你就会有动力去完成家务或者作业，因为你的努力让你很快就能做一些有趣的事情。

你能想出其他的方法来让做家务变得有趣吗？想想那些你最不喜欢的家务，然后尝试用我们提到的一种方法，更快地完成任务吧！

你觉得哪种方法对你最有效？

本周你可以尝试一种方法，然后在下周尝试另一种方法。很快，你做家务会变得越来越快。

把大任务分解成小任务

"任务分解"是指把一些很难做的事情分解成更小的部分,这样你就可以"征服"任务,更容易地完成任务。当你有很多事情要做的时候,有时候最好的方法就是"任务分解"。开始一项小的任务比一项大的任务容易得多。当任务很小的时候,你很容易就完成任务,并体会到完成任务的满足感。

例如,如果你想打扫房间,你可以把它分成更小的步骤,比如:

1. 把地板上的衣服捡起来,放进洗衣篮里。

2. 把书放回书架上。

3. 把玩具放回储物柜里。

4. 把毛绒玩具放回原来的位置。

你是否觉得放学后要做的事情太多？要参加校外活动，要做家务，还要写作业。你可以和父母一起坐下来，把打扫房间需要做的事情按照顺序列个清单，看看有哪些任务可以分解成更小的部分？

然后，和你的父母坐下来一起制订一个时间表。把在周六午餐前要完成的所有家务事的每个部分都写在你的日历上。我们保证，有合理的计划，并且把要做的家务分成更小的部分，都会让你不用花太多时间就能做完家务。

所以请记住，想把事情做完，你要：

1 和自己约定个时间，并写在日历上。

2 寻找让事情变得有趣的方法。

3 把一个大的任务分解成几个小任务。

你可以试试这些策略。我们敢打赌，你会发现你需要完成的每一项任务都会变得更容易。

休息一下，玩个趣味游戏吧！

麦迪要把洗衣篮里的衣服放到壁橱里，但是，她有一只袜子找不到了，你能帮她找到吗？

第 8 章

我会自己管理好时间

在你小的时候，你的父母和老师都会帮你看着时间。你的父母会告诉你什么时候该起床，什么时候该去上学，什么时候开始做家庭作业，什么时候睡觉。在学校里，你的老师会帮你看着时间，告诉你什么时候开始写作业，什么时候离开教室，什么时候去吃午饭。

现在你慢慢长大了，是时候开始关注时间了。在这一章中，您将了解到各种帮助你管理时间的工具。你还会学到如何估算时间——做一些事情要花多少时间。我们将讨论如何使用日历来把握天与周，并提前计划和安排事情。虽然你有很多东西要学，但你也不需要一下子就全学会。

建立时间观念，不再漫无目的

当你学习如何管理时间时，一个首要的任务就是要有时间观念。完成这个工作的工具是钟表或者手表。如果你有智能手机，你也可以用它。如果你有数字时钟和手表，那就最简单了。因为数字时钟和手表显示的是数字，与有时针和分针的钟表不一样。

如果你还没有表，问问你的父母是否能在你的卧室里放一个钟表，最好是显示时间数字很大的那种，这样你从房间的不同角度都可以很容易地看到时间。

但是，随身带表是一个好习惯，它可以告诉你几点了——无论是戴手表，还是在口袋里装手机。手表通常是最好的，因为它更便宜，不容易丢失，而且教室里也允许戴手表。

有一些手表可以震动，这会很有帮助，而且这样的手表会给你发短信，提醒你应该做什么。和你的父母谈谈，看看什么样的手表能帮助你把握时间，以及提醒你应该做的事情。

一些有注意缺陷/多动障碍的孩子很难把握时间。即使他们的房间里有钟表或者他们戴着手表，他们也可能会忘记查看时间。那些忘记查看时间的孩子总是迟到。这给他们和他们的父母都带来了压力。

如果你忘了查看时间，你可以这么做：

 使用时间定时器

时间定时器是有一个大圆盘的计时器，上面没有数字。你可以根据你的需要设置定时的时间，最多可以设置一个小时的时间。红色的部分表示的是你剩余的时间，红色的部分越来越小，离你设置的时间就越来越近。如果你在卧室里放了一个定时器，在厨房的餐桌旁再放一个，你就会更容易知道你还有多少时间。

 在你的手机上设置提醒

有些孩子会在自己的手机上设置提醒。起床的时间到了，手机就会响起铃声。再设置一个闹铃，吃早饭的时间到了时就会提醒。第三个闹铃会提醒你该离家去学校了。一种设置闹铃的好方法是在你需要做下一件事之前，让它提前5分钟叫你。这样你会有一个5分钟的提示，可以保证你按时执行晨间常规。

养成设置提醒的习惯

无论你是用手表（比如 WatchMinder 或 Cadex 12 闹钟），还是用手机，设置提醒是一个很好的习惯。它会提醒你什么时候结束一个活动，什么时候开始下一个活动。举个例子，如果你的父母说你在做家庭作业之前，可以在外面玩一个小时，那么，设置一个提醒对你会有很大帮助。这样，你就可以知道什么时候该回家，而你的父母也不用再提醒你。

用好时间日历，不再丢三落四

到目前为止，我们已经讨论了小时和分钟。不过，我们还会用天、周、月和年来记录时间，这就是日历的目的。

家庭日历

如果你在幼儿园或一年级，你就会知道一周的日子有多长。你每隔七天就会重新开始一周，循环往复。你知道，周一到周五是上学的日子，而周六和周日是周末，你不用去上学。

对幼儿园和一年级孩子很有帮助的是一种大的可擦写的"家庭日历"。你和父母可以把每天要做的事情写在上面，并把它放在厨房或家里的每个人都能看到的地方。

个人日历

当你长大一点的时候，就可以开始学习记录自己的个人日历或日程了。可能在厨房里你还会有家庭日历，但你也需要有一个自己的日历。你的个人日历是用来记录你一周需要做的事情的，包括：

- 作业。

我的一周

周日	出去和萨拉玩 ☺
周一	拼写测验
周二	带长笛去学校
周三	带明天出去郊游的家长同意书
周四	郊游！带3块钱野餐费
周五	
周六	

- 参加考试。

- 课外体育活动、课外活动或者课外班。

- 游戏和生日聚会。

- 父母为你预约的见医生的日子。

一旦你有了个人日历，就要一直带着它。最好的方法是用打孔机，这样日历就可以放在你的活页夹里了。然后，每天晚上和你的父母坐在一起，花几分钟时间制订第二天的计划，并写下你需要注意的新任务或新事件。

在你的日历安排上要提前做好计划。例如，如果你下周要做读书报告，你可以利用你的日历表提前规划它，让自己把握时间。你可以在这周每天计划用半小时读这本书，然后在周末写读书报告。

预估做事时间，不再拖拉磨蹭

学习管理时间还有一个很重要的方面，那就是预估做一件事情需要花费的时间。如果你不知道走到公交车站需要多长时间，那你就不知道什么时候该从家出发。

如果你不知道完成数学作业需要多长时间，那么你就很难计划其他的活动了。

预估好时间是需要练习的。大多数人认为事情可以比他们实际完成得更快。

和你的妈妈或爸爸一起，练习预估完成一件事情需要多长时间，看看你是否能预估得越来越好。

例如，你可以预估一下要花多长时间完成你的整个睡前常规，包括洗澡、刷牙、穿睡衣、放好第二天要穿的衣服、上床。

记下来完成睡前常规需要的时间，然后设置定时器，看看你预估的时间有多准确。不要着急！你不是在玩"打败闹钟"的游戏。你是在试着弄清楚在正常情况下，完成睡前常规到底需要多长时间。这样的话，你就会知道什么时候需要开始执行睡前常规，以便能准时上床睡觉。

试着预估做其他事情的时间，比如完成阅读作业需要多长时间，完成数学作业需要多长时间，遛狗需要多长时间等。

做一个时间估算图表，在你知道完成某件事情真正需要多长时间后，看看能不能预估得越来越准确。

你预估得越准确，你就越能管理好时间。

留出额外时间，不再手忙脚乱

管理好时间的另一个方法就是留出一些额外的时间，以防事情没有按照你的计划发生。

例如，步行到公交车站可能只需要4分钟，但是如果你只剩下4分钟，万一有别的事情发生，那你就会错过公交车。比如你的狗跑出了大门跟着你，或者你突然发现把午餐盒落在了厨房的台子上。

好的时间管理者总是给那些意想不到的事情留下一点时间。

优秀的时间管理者需要学会的技巧

在这一章里，我们已经讨论过很多不同的技巧。你不需要马上把这些技巧都学会。

在你上三年级的时候，你应该养成用日历记录和检查事情的习惯。当你准备要上初中时，你应该用日历设定一个目标，定期把握好完成任务的时间。

如果你现在就学习和掌握一些好的时间管理技巧，那么等你上了高年级，你的生活和学习就会更轻松。所以，从小事情做起，持续养成良好的习惯：

- 有时间观念。

- 为起床和上学前的准备设置一组提醒。

- 用一个时间定时器或其他定时器来记录你做事的时间。

- 关注今天是什么日子，每天都在发生什么。

- 在日历上记下未来要做的事情。

- 开始使用日历来记录日常和未来的任务。

- 学会预估做完一件事情要花多长时间。

- 学会为意想不到的事情留出额外的时间。

如果你在小学里学到了这些方法，你上中学时就会更轻松，还能够很好地记录下所有有关上课、作业和活动的事情。

休息一下，玩个趣味游戏吧！

请把下图中的小点按照数字顺序连起来。

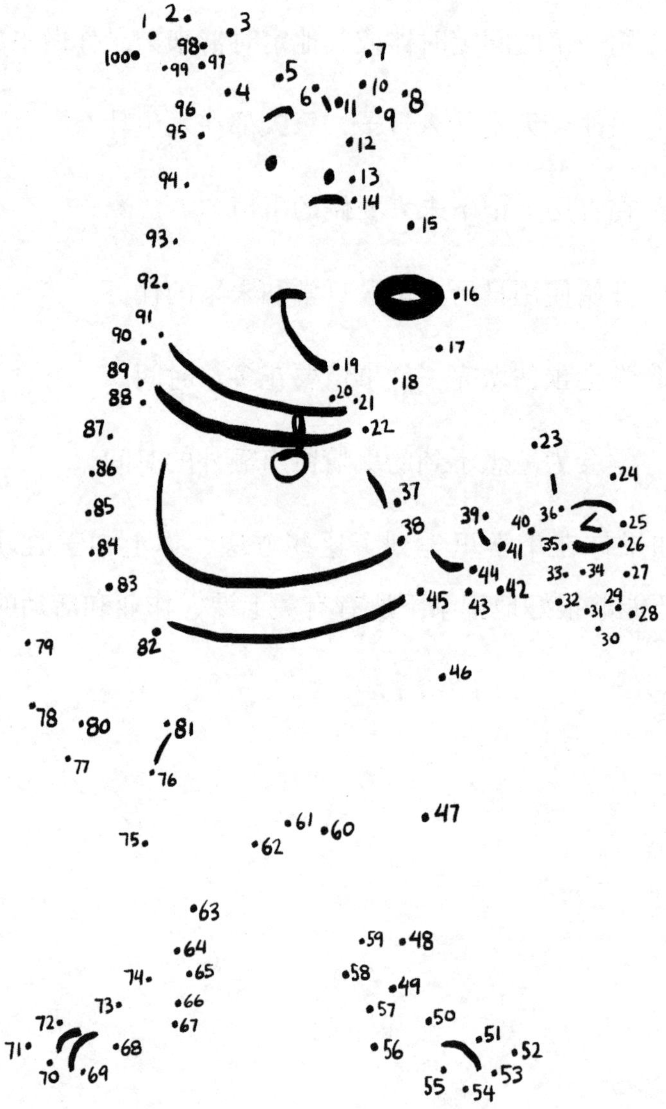

74　我能管好自己：让孩子独立的自我管理课

第 9 章
我该如何制订计划

你曾经计划过项目吗？一开始，一个项目可能看起来很复杂，但是一旦你知道如何去做，完成项目就会越来越容易。有些项目是学校分配的，比如科学项目；有些项目是你想在家做的事情，比如重新装饰你的房间。

制作饼干就是一个简单而有趣的项目。首先，你需要决定做饼干的时间——确保你计划好的时间是妈妈或爸爸可以帮忙的时间。

其次，想想你做饼干需要的所有配料。和妈妈或爸爸一起看看食谱，确保你已经准备好了所有的配料。

然后，想想制作饼干的步骤。你需要打开烤箱，等它加热到合适的温度。你需要按照食谱的步骤，把所有的原料都按照正确的顺序混合起来。最后，你需要把饼干放在烤盘上，然后放到烤箱里。

现在需要耐心！设置定时器，然后等待定时器报时，请你的父母帮你把饼干从烤箱里拿出来。

如果这是你第一次做饼干，可能会做不好。饼干有可能会裂开，也有可能会太硬。别担心，坚持做下去，问题就能解决。也许烤箱太热了，也许你忘了放鸡蛋。如果饼干不成功，就去找到需要改变的地方，下一次你就会成功。这个项目对你的最好回报就是你可以吃到亲手做的美味饼干！

完成一个项目需要有五个步骤，就像你在上面看到的制作饼干的步骤一样。我们称之为成功完成项目的五个"P"。

让我们用一个有趣的项目，比如重新装饰你的卧室墙壁，来看看五个"P"是如何工作的。

1 计划（Planning）

如果你想重新装饰你的墙壁，你需要计划你需要的东西。例如，你可能需要油漆、模板或贴纸，也许还需要你喜欢的体育明星、超级英雄或歌手的海报。你需要选择油漆的颜色。你的父母或另一个成人需要为你粉刷墙壁，所以和他们确定能帮助你的时间是很重要的。

2 准备（Preparation）

在你制订计划之后，就要开始为计划做准备了。你需要把所有的东西都放在一起，比如油漆、刷子、滚轴，以及盖布来保护地板。你可能需要把家具搬出去，把你计划要粉刷的所有墙壁都露出来。现在，安排好每一步。此外，你还需要让油漆晾干，你还可能需要多刷几层油漆来覆盖住现在墙上的油漆。一旦你做好了计划和准备，你就可以开始了。

3 耐心（Patience）

耐心对每个项目都很重要。记住不要匆忙完成你的项目。给自己一些时间去思考计划。例如，耐心意味着在你开始下一步之前，先让油漆晾干；耐心意味着做事要小心，尽可能少犯错误，就像你要提前测量好张贴海报或贴纸的位置。做事要慢慢来，不能着急。

4 坚持（Persistence）

如果项目要花很长的时间才能完成，坚持意味着要坚持不懈地完成项目，也意味着当事情没有按计划进行时，不要轻易放弃。例如，你的父亲可能会改变计划，这意味着你得等到下周末才能粉刷墙壁。或者，你最喜欢的海报可能被弄皱或被弄破了。

5 解决问题（Problem solving）

如果你在项目中遇到了问题，不要担心。遇到问题意味着你需要解决问题了。即使是计划很完美的项目也会遇到问题。例如，如果你的一张海报被弄得皱巴巴的或被撕破了，你可以试着修补它，或者选择其他的东西来装饰墙壁。

如果每次你都能遵循这五个步骤，你就会很成功地完成项目，就像你卧室里的新墙那样漂亮！

我制订的计划

项目名称：

项目所需东西的清单：

1 _____

2 _____

3 _____

4 _____

5 _____

列出需要做的每项任务以及每项任务需要的时间：

任务	所需时间
1	
2	
3	
4	
5	

确定你做每项任务的时间。如果你的项目有截止日期，你要确定最后一项任务是在截止日期之前完成的。留一些额外的时间，万一出现意料之外的事情，你能有时间去应对。你必须记住，在有些项目的各项任务之间，你需要耐心等待——例如，你需要耐心等胶水晾干，或者你需要耐心等待烘焙的食物。

日期	时间	是否需要帮助
任务1		
任务2		
任务3		
任务4		
任务5		

记住，如果你完成一项任务需要帮助，你可以和父母或者其他的帮手一起谈谈，看看他们什么时候能帮助你。

太棒了！只要遵循上面的步骤，你就会成为一个伟大的项目策划师！

休息一下,玩个趣味游戏吧!

想象你正在计划装饰卧室里的一面墙。你打算怎么装饰?把它画下来吧。

第 10 章

我老爱忘事儿,怎么办

如果你和许多孩子一样，有些事情很难记住。如果你有注意缺陷/多动障碍，记住事情就更难了。人有不同类型的记忆。有些类型的信息你能很好地记住，而有些类型的信息可能就很难记住。那么，让我们先做一个关于记忆的小测验，你可以跟你的父母一起做这个测验，这样你就能知道他们看待事物的方式是否跟你一样。

记忆和遗忘测验

请用最合适的数字来回答每一个问题：

1．有点像我。

2．比较像我。

3．非常像我。

（　）我很难记起老师的要求。

（　）有时我会忘记朋友告诉我的事情。

（　）放学时，我会忘记把东西从学校带回家。

（　）我很难记住父母要求我做的事情。

（　）我很难记住将要做的事情。

（　）我很难记住每天上学需要带的东西。

（　）我很难记起我把东西放在哪里了。

（　）我很难记住未来要做的事情，比如一个项目何时到期或者学校活动的日期。

（　）我很难记住几天前发生的事情的细节。

（　）我很难记起我读过的东西的细节。

（　）我很难记起每日常规都要做些什么。

（　）我很难记起我每周的日程表，比如哪天我有足球训练，哪天我上音乐课。

你和你的父母是否同意，你在记忆某些事情的时候存在困难？有时，我们周围的人对我们的行为的看法比我们自己更清楚。你难以记住的内容主要在哪些方面？

在这一章，我们会学习帮助你记住重要事情的不同方法。很多孩子用他们的妈妈或爸爸来作为"提醒系统"，但如果他们一直都在提醒你，你永远也学不会如何提醒自己！这里有一些可以帮助你记住事情的方法。如果一种方法不起作用，不要灰心丧气，这意味着你需要别的方法来提醒自己。我们将教给你很多不同的方法。你的工作就是试验，看看哪种方法对你最有效。也许，面对可能会忘记的不同事情，你需要使用不同的方法来处理。

提醒自己的方法

这里有一些常见的、孩子们很难记住的事情,同时,也还有一些解决方法。你认为这些解决方法对你有用吗?

 问题:忘记把东西放好。

你是否很难记得把东西放好?比如回家时把外套挂起来,把脏衣服放进篮子里,或者每天晚上把你的书和作业放到背包里?

解决方法:养成"系蝴蝶结"的习惯。

"把东西放好"是你要学的最重要的习惯之一。如果你总是把东西放在它们应该在的地方,你在需要它们的时候就能很容易找到。

把东西放在应该放的地方意味着每件东西都需要一个"家"——一个特殊的地方。还记得关于挖掘和重新整理房间的那一章吗?整理好房间后,每件东西都应该有一个属于它自己的特别的地方。

所以现在,来看看"把东西放好"的习惯。我们把它称为"系蝴蝶结",因为当你打包一个包裹时,你做的最后一件事是"系蝴蝶结"。就像你在做事情的时候，最后一步是把你用过的东西放好——在你的活动行程上"系蝴蝶结"。你仔细想想，如果忘记"系蝴蝶结"，房间就会一次又一次的混乱起来。

现在看一下你的房间，你有多少"蝴蝶结"都忘记系上了？你把"蝴蝶结"解开，看起来可能是这样的效果：

- 一双鞋子放在了地板的中间。

- 衣服扔在了地板上。

- 玩具留在床上或地板上。

- 做作业时，找不到作业和课本。

还记得第2章里讲的习惯养成吗？你可以通过绑定一个旧

的习惯来建立一个新的习惯——"系蝴蝶结"。例如，一回到家就把夹克挂起来，并把鞋子放到一边。或者在你每晚写完作业后，把你的书和作业放到背包里。每次你越能把东西放在它们应该在的位置，就越容易系好这些东西的"蝴蝶结"。

你和你的父母是不是很难看到你能多快地记住"系蝴蝶结"的方法？你可以列一张清单，在上面写上每天你打算记住要完成的事情或要整理的东西，和你的父母一起检查这张清单，这样可以帮助你记录"要系的蝴蝶结"。我敢打赌，随着时间的推移，你的清单上会有越来越多的检查标记。如果你还是会忘记一些事情，那你就该和你的父母一起解决问题了。例如，为自己设置一个大的提醒，或者给你忘记整理的东西找一个更方便储存的地方。

 问题：忘记告诉父母一些重要的事情。

例如，你朋友的妈妈打电话告诉你，你们的活动要在本周初开会，你要确保准时到达那里。你有时在接电话时会忘记记下这些重要的信息吗？

解决方法：写便签提醒自己。

在你的背包里放上一个便签本，给自己写个便签提醒。

把提醒便签贴到你一定会看到的地方。

如果你在学校里写了一个提醒便签，你可以把它贴在活页夹的第一页，这样当你打开活页夹做作业的时候，你就会看到它了。

如果你是在家里写的提醒便签，你可以把便签贴在厨房的台子上，或者贴在你的妈妈或爸爸一定会看到的地方。

不要试图把事情记在脑子里！记住，短便签胜过好记性。

 问题：如果没有人提醒，我会忘记做家务或写作业。

如果你像很多孩子一样，早上起来后不会思考一下你要做的每一件事。你已经习惯了你的父母或者老师整天提醒你下一步要做什么。如果没有大人的提醒，你就不知道该做什么。其实，你的父母也想要帮助你变得更加独立，这样他们就不必时时刻刻提醒你。那么，你应该怎么做才能记住该做的家务或者作业呢？

解决方法：建立常规，并设置提醒。

首先，建立常规。如果每天在同一时间，按照相同的顺序做事情是很容易记住你需要做的事情的。做家务和家庭作业属于放学后的常规内容，你可以回到本书的第4章复习一下如何建立放学后的常规。你可以把自己喜欢的活动作为一个奖励，在你做完不喜欢但是需要做的事情（比如家务或作业）之后再去做。因为，一旦你先去看电视或在电脑和iPad上玩游戏，你肯定会停不下来，就会忘记去做家务和家庭作业，而把有趣的事情留在最后做，你就可以先完成家务和家庭作业了。

其次，设置提醒。如果你有一个手表可以提醒你，你就做一个设置，在开始做家务或者做家庭作业前提醒你。如果你没有提醒手表，你可以随时使用厨房定时器。

 问题：忘记带上学需要的东西。

你在上体育课时有没有忘带你的运动装备？或者上音乐课时忘记带乐器？

解决方法：把东西放在你的"发射场"。

"发射场"是放你需要带去学校的东西的地方，包括父母签过字的纸、图书馆借的书、足球夹板、乐器，还有你的背包和午餐盒。

你要习惯一想起这些东西，就把它们放在"发射场"。

在一个星期里，你很难记住每天需要带的东西。让你的父母帮助你每天创建一个"发射场"清单，并把它贴在"发射场"旁边的墙上。这样，当你准备上学的时候，只需检查一下你的"发射场"清单,就能确保你已经带上了你需要的东西。

记住——一个短清单要好过长时间的记忆!

 问题:忘记把东西从学校或者其他地方带回家。

有时,你要把外套或者雨伞等东西带去学校或朋友家里,你会不会忘记把它们带回家?

解决方法:把所有东西都放进背包里。

如果你像很多孩子一样,无论是去学校、朋友家还是参加课后的其他活动,都背着你的背包,你就可以把所有东西放背包里。同样的,如果你参加体育运动时,总是背着运动包,你

就可以把你的球鞋、护胫、头盔，还有你可能需要的其他东西放进运动包里。因为你不太可能忘记你的背包或运动包。你只需记住把所有东西放进包里面，骑车的时候把包带上。

 问题：忘记将要做的事情。

你有时会忘记告诉父母帮你购买学校实验需要的材料吗？或者忘记学校哪一天要画画？或者忘记要带学校规定的郊游费用和家长同意书？随着年龄的增长，你要记住需要完成的事情越来越多。你的妈妈和爸爸也不可能一直记得提醒你，所以是时候学习该如何提醒自己了。

解决方法：把事情写在日历上。

你需要养成把事情写在个人日历上的习惯。最好把你的日历放在显眼位置，这样你和你的父母很容易就能看到它，你可以把要做的事情列到日历上。

让你的父母给你准备一个上面有大方格的日历，这样你就有地方写下你想记住的事情，然后和他们一起坐下来，列出下一个月你需要记住的事情。

如果你没有查看日历的习惯，日历就对你没有什么帮助。所以，每天晚上和你的父母一起检查你的日历。做完作业后最好马上检查日历。这时，你也许会考虑在日历上添加新的事情。比如，你可能会被邀请参加一个生日聚会，所以，把参加聚会的日期标在日历上，在你参加生日聚会的前几天买一份礼物和生日贺卡！

正如你看到的，有很多方法可以提醒自己。

1. 养成"系蝴蝶结"的习惯。

2. 写便签提醒自己。

3. 建立常规，并且设置提醒。

4. 把东西放在你的"发射场"。

5. 把事情写在日历上。

你能想出更多提醒自己的方法吗？和你的妈妈或者爸爸列出你容易忘记的事情，一起找出提醒自己的方法，还要记住：

提醒比你把事情一直记在脑子里要有效。

即使是你确定自己会记住一些事情，还是要设置提醒。

我们已经学习了很多帮助你记住事情的方法，不要试图一次就把所有的方法都学会了。每种提醒都需要你形成习惯,因此,挑选一种提醒方法,和爸爸妈妈一起,直到你能非常习惯地使用这种方法,然后再尝试另外一种提醒方法。

祝你好运!我想你会很快发现,你记住做事情的能力会好很多。

休息一下，玩个趣味游戏吧！

重新排列下面3个单词，然后填空，你就会看到秘密信息了。

AMESOWE

LNAP

GNORAZIED

_____ job! Now you know all about how to _____ and be _____! Keep up the good work!

恭喜你！在这本书里，你已经了解了许多有关计划和组织的技能。我希望你很愉快地读完这本书，并且学到了很多东西。

在这本书里，你学到的技能对你未来的生活会很有帮助。不过，你和你的爸爸妈妈要记住，学习这些技能是贯穿在整个小学过程的。不用一下子就全部学完！

你可以和父母谈谈，决定先从哪里开始学习。在你学习另一项新技能之前，给自己充足的时间来练习你当前学习的技能。你练习的时间越长，就越容易学会。

我建议你从睡前常规开始学习，因为每天充足的睡眠会让你更容易记住和学习其他技能。

和你的父母一起记录学习过程，这样你就可以追踪自己的进步了。记录可以是一个简单的日历，你可以在每一天上做标记，就能看到自己正在成功地练习一项新技能。

你掌握每项技能越好，你的感觉也会越好，你的生活也会更加顺畅，你不会再因为忘了重要的东西而感到时间紧张或者心烦意乱。

祝你好运！你一定能做到！

给父母的提示

学习执行功能技能对孩子今后的成功至关重要。这本书就是培养孩子这方面的能力，包括日常时间管理的能力、整理东西的能力、计划能力、执行能力等。

怎样提升孩子的执行力

下面是一些帮助你的孩子提升执行能力的小贴士。

 制订切实可行的目标

大多数父母在培养孩子执行能力时往往会犯错误，他们对孩子学习这些技能的速度抱有不切实际的期望，对孩子需要的持续支持预估不足。你可以跟孩子一起设立一些切实可行的小目标，奖励孩子的不断进步。

 为自己寻求支持

如果你作为父母发现自己都很难做到组织有序，也难以遵循日常生活常规，那么将这些技能教给孩子就是双重挑战。如果你每天发现很难坚持并支持孩子遵守常规，最好的办法可能是把自己当成教练，支持自己，也支持孩子。

 像幼儿园老师一样思考

有20个或更多的学前儿童进入教室，在他们上学的一整天中都表现得井然有序，这难道不令人惊奇吗？你永远不会看到被扔在地板上的夹克或随意堆在桌子上的盘子和杯子。在幼儿园里，玩具是不能乱丢的。

控制秩序。想想幼儿园的老师和助教们是如何做到这一点的，你可能在家里会做得更好。

- 有专门放夹克、背包和午餐盒的地方，确保它们都放在了那里！

- 有标识清楚的箱子、抽屉和篮子，每个物品都有清楚的存放地方。不要让你的孩子保留太多的玩具、衣服和艺术作品，否则家里也不会有清楚固定的位置放它们。

- 提供即时提醒。即时提醒和修正孩子的行为是必需的，一遍又一遍的提醒直到这些行为成为孩子的自动化行为。

- 提醒应该是中立的或鼓励性的。你的孩子做好了，就要一遍又一遍地赞美他。

鼓励孩子积极参与

这样的话，新的常规和预期就不仅仅是你强加给孩子的了。让孩子和你一起设置晨间常规、放学后的常规和睡前常规的提醒清单——他们可以用图来表示，可以涂色，还可以进行其他的创作，让清单成为孩子自己的东西。然后，把清单塑封起来，并挂在显眼的地方。

 把做家务作为家庭活动

每个人都参与家务活动会更有趣。举个例子，你可以让一个孩子摆桌子，另一个年龄大的孩子把洗碗机里的碗拿出来；或者一个孩子把家里的宠物喂饱，而另一个孩子则把垃圾扔进一个大袋子里，然后把它放到垃圾桶里。

怎样奖励孩子

奖励你的孩子在日常生活中取得的进步。请记住：

- 一个小而直接的奖励比那些需要更长时间才能获得的奖励更有效。让孩子获得奖励变得容易一些。你的孩子越能体会到成功，他就越会去努力尝试。
- 小的和即时奖励与更大的奖励相结合会更有效。

- 要非常明确你的孩子怎样才能获得奖励——写下来奖励的方法，不要引起误解。你也不想让孩子因为误解得到奖励的方法而伤心失落。

- 奖励孩子的进步，而不是孩子做到完美才奖励。

- 和你的孩子一起制订能达到的目标。如果你设定了一个太难达到的目标，只会让你和你的孩子灰心丧气。即使是巨大的奖励也不能帮助你的孩子达到一个需要改变太多的大目标。你可以引导孩子一步一步地改变，庆祝每一个小的进步。

- 不要试图一次改变太多。我们大多数人一次只能搞定2~3件事情。

- 如果给有注意缺陷/多动障碍的孩子设置可视化的提醒，他们会做得更好。试着从这本书中获取一些清单，并在他们的房间里或冰箱上放一份复印件，来提醒他们。这本书中包括了养成新习惯，建立晨间、放学后和睡前常规以及计划一个项目的表格和检查清单。这些表格可以在麦吉内申出版社的网站（www.apa.org/pubs/magination）上免费下载。

- 无论何时何地，都要奖励孩子的进步。

- 作为父母，你也需要积极的支持以保持冷静，坚持。

要积极鼓励自己和孩子一起培养新习惯。

- 记住，改变是困难的。要看到挫折更要看到进步，哪怕是很小的进步。例如，如果你的孩子发脾气，但是回头会道歉，那就关注道歉，祝贺你的孩子平静下来并回来道歉。鼓励他，告诉他你可以看到他做得更好。不要过分关注生气。帮助你的孩子解决问题，看看你们是否能找到一种方法来避免下次生气。

你能给孩子提供的最有益的东西是一对一的有心陪伴，不要给孩子太多糖果或昂贵的东西。你可以给孩子很多非常有益的健康奖励，还不会破坏家庭的预算。例如：

- 和你的孩子一起玩纸牌或棋盘游戏。

- 允许他们有一个玩游戏日。

- 一起做一次饭。

- 和你的孩子一起玩电脑游戏。

- 一起看DVD。

- 和你的孩子一起做爆米花项链，然后吃掉它！

- 允许孩子在完成作业后看半小时的电视。

- 给做家务开辟"自由通道"。

- 如果孩子一周都做得很好，周五的晚上订个比萨。

- 让你的孩子在周末的晚上可以晚睡一个小时。

- 如果孩子一周都很好，可以奖励孩子留宿在别的地方。

- 和孩子一起骑自行车。

- 和孩子一起玩游戏。

- 在睡前给孩子多读一个故事。

- 在孩子睡前给他做一个特殊的背部按摩。

如何鼓励孩子

鼓励孩子时要慷慨大方，你的孩子会在积极的反馈中茁壮成长。比如：

- 拥抱。

- 轻拍。

- 微笑。

- "就是这样！"

- "做得好！"

- "我知道你很努力。"

- "我为你骄傲。"

亲子相处的特别时间

"特别时间"不同于奖励时间。研究表明,每天花 5 分钟的特别时间可以对你和孩子的关系产生积极的影响。

特别时间是你和孩子坐在一起游戏的时间。创造性的游戏没有规则,也不计分,是可以在特别时间进行的最好活动——玩娃娃、木偶、乐高玩具或其他建筑类的玩具都很好。

在特别时间里,你的角色可以是:

- 回应:"你在搭建一座塔!"

- 赞美孩子的活动:"你正在建造一座这么棒的塔!"

- 描述:"哦!现在你正在建造一座通往塔的桥。"

- 表达喜欢:在特别时间,保持微笑并向你的孩子表达你是多么喜欢和他在一起。

在特别时间,不要批评、教导、质疑或提供建议。这是你的孩子尽情享受你全方位关注的时刻,是在做一件没有对或错的事情的时刻。

把这个特别时间看作是孩子每天都需要的"药"。当你和孩子的冲突越来越多的时候,特别时间就更重要了。

有帮助的网站和图书

如果你的孩子组织和计划能力比较差、丢三落四、缺乏韧性,你也可以找到更多帮助孩子的方法。其实,这些问题往往与孩子的学习能力或注意力有关。要想解决这些问题,你要先给孩子做一个全面的评估。

下面有一些网站和图书,可能会对你和孩子有所帮助。

寻找辅导老师的网站

很多辅导老师可以帮助家长和孩子一起提升计划和组织能力。要注意,你找的辅导老师一定是要经过专业培训和认证的。你可以在下面的这些网站上找一下。即使你的孩子没有注意缺陷/多动障碍,这些经过专业培训的老师也能帮助你的孩子提升执行功能技能,对孩子也非常有帮助。

AD/HD Coaches Organization

www.ADHDcoaches.org

American Coaching Association

www.americoach.org

International Coaches Federation

www.coachfederation.org

寻找心理学家的网站

如果你在帮助孩子建立日常习惯过程中，经常和孩子发生冲突，你可以让儿童心理学家帮助你，让你更平和有效地跟孩子沟通和交流。

American Psychological Association

www.apa.org

National Register of Health Care Providers in Psychology

www.findapsychologist.org

其他有帮助的网站

下面这些网站里的很多文章，有利于家长培养孩子的自我管理能力。

ADDitude Magazine

www.additudemag.com

该杂志旨在帮助有注意缺陷/多动障碍孩子的家庭，每期刊物里都有一些帮助父母和孩子的有用建议。

Center for Collaborative Problem Solving

www.ccps.info

当父母和孩子发生冲突的时候，心理学家罗斯·格林的方法在解决亲子冲突方面非常有效，它能让父母和孩子一起积极地解决问题。

Learning Disabilities Association of America

www.ldaamerica.org

美国学习障碍协会是一个支持有学习困难的儿童及其家庭和教育工作者的组织。父母可以从这个协会里获得建议和帮助，从而提升孩子的执行能力。

Understood

www.understood.org

这个网站为父母提供了丰富的信息。这是由一群专业人士组成的非营利组织，其目标是为家长提供深入有效的资料，以帮助他们有学习或注意力问题的孩子。

寻找儿童或家庭治疗师的网站

Garvey, A. "Organizing with Kids" Pinterest board. Retrieved from: https://www.pinterest.com/abygarvey/organizing-with-kids/

Marrero, L. (2015，July 13). 9 smart ways to make kids more organized.*Good*

Housekeeping. Retrieved from http://www.goodhousekeeping.com/home/organizing/tips/g340/organizing-tips-for-kids/

Morin, A. (n. d.). 8 tips for organizing your child's backpack. Understood. Retrieved from https://www.understood.org/en/school-learning/ learning-at-home/teaching-organizational-skills/ 8 -tips-for-organizingyour- childs-backpack

Wright, L. W. (n. d.). 10 tips to help your child get organized. Understood. Retrieved from https://www.understood.org/en/learning-attention-issues/understanding-childs-challenges/simple-changes-at-home/ 10 - tips-to-help-get-your-child-organized

推荐给家长看的一些书

Goldberg, D. & Zwiebel, J. (2005). *The organized student: Teaching children the skills for success in school and beyond.* New York, NY: Touchstone.

Gordon, R. M. (2007). *Thinking organized for parents and children: Helping kids get organized for home, school and play.* Chevy Chase, MD: Thinking Organized.

Kutscher, M. & Moran, M. (2009). *Organizing the disorganized child.* New York: Harper Collins.

Spizman, R. F. & Garber, M. D. (2000). *Helping kids get organized*: *Activities that teach time management, clutter clearing, project planning, and more!* Columbus, OH: Good Apple.

推荐给孩子看的一些书

Espeland, P. & Verdick, E. (2007). *See you later, procrastinator!* (Get it done). Golden Valley, MN: Free Spirit.

Fox, J. S. (2007). *Get organized without losing it.* Golden Valley, MN: Free Spirit.

Muchnick, C. C. (2011). *The everything guide to study skills: Strategies, tips, and tools you need to succeed in school!* Avon, MA: Adams Media.

Verdick, E. (2010). *Don't behave like you live in a cave.* Golden Valley, MN: Free Spirit.